AU DUC D'ORLÉANS.

ÉTRENNES POLITIQUES

POUR L'ANNÉE 1828.

Imprimerie d'A. BELIN, rue des Mathurins-S.-J., n° 5.

Imprimerie d'A. BÉRAUD, rue du Foin-Saint-Jacques, n. 9.

LETTRE

AU DUC D'ORLÉANS,

PAR

Madame la Comtesse de Genlis,

SON INSTITUTRICE;

OU

PROFESSION DE FOI POLITIQUE

EN HARMONIE AVEC SES ACTIONS DEPUIS PLUS DE TRENTE ANS;

EN RÉPONSE AUX PAMFLETS PASSÉS, PRÉSENS ET FUTURS.

PARIS,

CHEZ ÉMILE BABEUF, RUE DE L'ARBRE-SEC, N°. 26;

ET CHEZ TOUS LES MARCHANDS DE NOUVEAUTÉS.

1828.

L'ÉDITEUR

AUX FRANÇAIS.

———

Depuis plus de trente années, les différentes factions qui se sont succédées, ont cherché à s'étayer de la réputation intacte d'un prince sans peur et sans reproches.

Il est sorti triomphant des nombreuses *Philippiques* dont nos modernes Démosthènes n'ont cessé de le poursuivre pendant nos troubles civils.

La profession de foi politique de ce prince qui parut à cette époque, et que nous reproduisons aujourd'hui, fut le type de sa conduite pendant toute sa vie ; et nous pouvons encore l'opposer avec avantage à ses amis imprudens, ainsi qu'à ses plus injustes ennemis.

Ce n'est pas sans surprise qu'on a lu le dernier pamflet de Cauchois-Lemaire, dans lequel il cherche vainement à singer Paul Courrier ; néanmoins on y devine facilement le but qu'il se propose !....

L'imprudent, pour ne dire rien de plus, n'a point calculé sans doute le résultat le plus probable et le plus désastreux pour la France, de toutes ces menées, *c'est qu'un premier citoyen, qui fait fleurir et les lettres et les arts dans sa patrie, du moment qu'il n'y trouve plus sécurité et repos, a le droit d'aller les chercher sur une terre plus hospitalière.*

LETTRE*

DE MADAME DE GENLIS

A

MONSIEUR DE CHARTRES.

A Silk, Pays de Holstein.

———

Le 28 Février 1796.

IGNORANT absolument, Monsieur, depuis près de deux ans, le lieu que vous habitez, et n'ayant avec vous aucune espèce de correspondance depuis dix-sept mois, je prends le parti de faire insérer cette lettre dans les papiers publics: de cette manière elle vous parviendra dans quelque lieu que vous soyez. Tant que j'ai pu vous être utile, ainsi qu'à

* Le *Censeur* dit qu'il circule dans Paris une lettre manuscrite, *très-bien faite*, et *très-perfide*, d'une femme célèbre, de la gouvernante des enfans du duc d'Orléans, adressée à l'aîné de ses enfans, et dans laquelle, sous prétexte d'inspirer à son ancien élève les sentimens de modestie qui conviennent à sa position, elle appelle l'attention publique sur ses vertus, et tâche de rallier autour de sa personne tous les débris des anciennes factions, à qui elle promet indirectement, mais très positivement, bonheur et liberté sous son règne. Ces insinuations calomnieuses seront aisément détruites, en mettant sous les yeux des lecteurs cette Lettre telle qu'elle est déjà imprimée à Berlin.

votre intéressante et malheureuse sœur, j'ai dû conserver avec vous des rapports intimes ; c'est ce que j'ai fait, et ce que je désirerais faire encore, si vous aviez besoin de moi. A l'époque où j'ai quitté la Suisse (au mois de mai 1794), nous étions séparés, vous et moi, depuis un an ; vous étiez fort loin de moi, vous deviez votre asile à la recommandation d'une personne avec laquelle je n'avais nulle liaison : une juste reconnaissance vous a inspiré, pour cette personne, autant de confiance que d'amitié ; ses conseils pouvaient vous être plus utiles que les miens, puisque j'étais seule avec Mademoiselle d'Orléans, renfermée dans un couvent où j'ai passé avec elle un an dans la plus parfaite solitude , uniquement occupée à soigner sa santé, et à perfectionner les talens que je lui ai donnés.

_ Quand je suis arrivée, il y a vingt mois, dans ce pays, j'ai désiré y vivre absolument ignorée ; de sorte que, vous écrivant très-rarement, et ne voulant point confier mon secret à la poste, je ne vous ai point confié où j'allais. Cependant j'ai trouvé moyen, sans vous dire mon nom supposé, et le lieu que j'habitais, de vous donner de mes nouvelles : en même temps je vous indiquais une adresse pour m'écrire. C'est au mois d'octobre 1794 que j'ai reçu la dernière lettre qui me soit parvenue de vous ; elle ne contenait, ainsi que les précédentes, que l'expression de votre reconnaissance et de votre tendresse pour moi ; et le doux nom de *mère*, que vous m'y donnez toujours, doit me convaincre que, malgré le mystère de votre conduite, votre cœur est toujours pour moi ce qu'il doit être ; car, depuis cette époque, n'ayant eu aucune sorte de relation avec vous, je n'ai rien pu faire qui ait dû jeter du refroidissement entre nous. Il y a environ dix mois qu'on m'envoya une lettre pour vous, imaginant que je saurais votre adresse. Tout le monde assurait que vous étiez dans ce pays, et même on nommait votre correspondant ; je lui fis demander le nom du lieu que vous habitiez : il répondit qu'en effet il le savait, mais qu'il ne pouvait me le dire ; je n'insistai point, et j'envoyai la lettre. Je n'entendis point parler de vous, et je ne fis aucune démarche pour vous voir ou pour vous écrire ; mais, je vous le répète, si j'avais eu l'espérance de vous être de quelque utilité, j'aurais été vous prévenir et vous chercher avec le plus vif empressement. J'ai lu dans les papiers publics de ce pays une lettre sous votre nom, qui annonçait, il y a quelques mois, que vous partiez pour l'Amérique ; comme vous n'avez point désavoué cette lettre, je dois la croire de vous, et je suis persuadée, par conséquent, que vous êtes en Amérique. Je vous félicite d'avoir pris ce parti ; vous pouvez vous ressouvenir que je vous disais, il y a trois ans, que c'était le meilleur pour vous.

Il me paraît impossible que vous ne sachiez pas que l'on a écrit dans plusieurs papiers français que vous aviez un *parti* en France, et *des partisans* dans les pays étrangers, qui voulaient vous placer sur le trône. Si vous ignoriez ce fait, ce serait vous rendre un très-grand service que de vous en instruire. Pendant dix années de soins si constans que je vous ai consacrés, j'ai eu le temps d'étudier et de connaître votre caractère, et n'y ai jamais démêlé le moindre germe d'ambition. Je m'en applaudissais, certaine que vous en seriez plus vertueux et plus heureux. Depuis votre éducation finie, dans les trois années où nous avons eu ensemble des rapports si tendres et si intimes, je vous ai vu constamment le patriotisme le plus exalté, le désintéressement le plus pur et le plus vrai, et la plus parfaite droiture de sentimens. Vous m'avez écrit des volumes de lettres pendant mon séjour en Angleterre; je les avais confiées à Paris, à un ami qui me les a renvoyées; je les ai toutes, ainsi que celles que vous m'avez écrites dans les premiers temps de notre séjour en Suisse : entre autres, celle que vous m'écrivîtes au moment où nous entrâmes au couvent, et dans laquelle vous me montriez une si vive reconnaissance de ce que j'avais eu le bonheur de faire pour vous, et de ce que je me dévouais à votre malheureuse sœur dont j'étais alors l'unique ressource. Je conserverai ce recueil de lettres toute ma vie. On y voit sans doute quelquefois des principes exagérés, et quelques idées peu réfléchies: légers défauts, si excusables à votre âge. On y voit aussi, qu'à cet égard, nous n'étions pas de même avis; mais, malgré ces petites différences d'opinions, je trouve, en relisant ces lettres, la récompense de tout ce que j'ai fait pour vous. J'y trouve la certitude que vous êtes incapable de vous prêter aux desseins qu'on vous suppose. Vous aviez *vingt ans* lorsque vous écrivîtes les dernières lettres de ce recueil, monument précieux de votre reconnaissance, de votre affection filiale pour moi, et de tous les sentimens qui peuvent honorer un jeune homme. Vous aviez vingt ans!.... peut-on se démentir ensuite à vingt-trois, à moins d'une faiblesse absolument inexcusable? Non, j'en suis certaine, le fond de votre cœur, vos principes et vos opinions sont les mêmes. Vous, prétendre *à la royauté!* Devenir un usurpateur, pour abolir une République que vous avez reconnue, que vous avez chérie, et pour laquelle vous avez combattu vaillamment! Quand la France s'organise; quand le gouvernement s'établit; quand il paraît se fonder sur les bases solides de la morale et de la justice! Quel serait le degré de confiance que la France pourrait accorder à un *roi constitutionnel* de vingt-trois ans, qu'elle aurait vu deux ans auparavant ardent républicain, et le partisan le plus enthousiaste de l'égalité? Un tel roi ne pourrait-il pas tout aussi bien qu'un autre abolir insensiblement la constitution, et devenir despote? D'après les idées reçues en général, il y a moins d'intervalle de la royauté, quelle qu'elle soit, au despotisme, que du gouvernement démocratique à la royauté la plus mitigée.

Pourriez-vous, en montant sur ce trône sanglant et renversé, vous flatter même de donner la paix à la France? Non, sans doute. La prolongation de la guerre extérieure et de plus la guerre civile dans toutes les parties de l'empire, seraient les suites de cette usurpation funeste. La France, en reprenant la royauté, légitime elle-même les prétentions du frère de l'infortuné Louis XVI. Si le trône est relevé, c'est à lui qu'il appartient; en vous y plaçant, vous n'y porteriez jamais que le plus odieux de tous les titres; de nouvelles factions vous en chasseraient, et vous trouveriez alors, dans l'exil et la proscription, les seuls malheurs que vous n'ayez pas encore éprouvés, et les seuls qui soient insupportables, le déshonneur et les remords. D'ailleurs, quand vous pourriez légitimement et raisonnablement prétendre au trône, je vous y verrais monter avec peine, parce que vous n'avez (à l'exception du courage et de la probité) ni les talens, ni les qualités nécessaires dans ce rang. Vous avez de l'instruction, des lumières et mille vertus; mais chaque état demande des qualités particulières, et vous n'avez point celles qui font les grands rois. Vous êtes fait, par vos goûts et par votre caractère, pour la vie intérieure et privée, pour offrir le touchant exemple de toutes les vertus domestiques, et non pour représenter avec éclat, pour agir avec une activité constante, et pour gouverner avec fermeté un grand empire. Je suis sûre, Monsieur, que vous pensez tout ce que je viens d'exprimer; et je me flatte que les personnes qui vous entourent, et les amis que vous avez choisis, sont incapables de chercher à vous inspirer une ambition qui serait aussi absurde que criminelle, sous tous les rapports. Enfin, je suis intimement persuadée que, si ceux qui vivent avec vous vous donnaient des conseils différens (ce que je n'ai nulle raison de supposer), vous les rejeteriez pour ne consulter que votre cœur dont la droiture vous guidera toujours bien. En faisant imprimer cette Lettre, je crois vous rendre un service, parce qu'elle peut servir à dissuader ceux qui, contre toute apparence, veulent faire de vous un chef de parti. On doit naturellement croire que votre institutrice doit, mieux qu'un autre, connaître votre caractère; et j'ose répondre que vous avez horreur des projets qu'on vous attribue. Rien jusqu'ici, dans votre conduite, n'a dû raisonnablement fonder cette opinion extravagante. Vous avez bien servi votre patrie; vous avez fui pour éviter la mort qu'un tyran sanguinaire vous préparait: vous avez vécu, depuis, dans l'obscurité, sans jamais chercher à vous faire des partisans; vous êtes pur et irréprochable : conservez toujours ce bonheur, le seul qui vous reste, et qui vous rend si digne d'exciter l'intérêt des âmes vertueuses et sensibles. J'ai voulu aussi, en publiant cette lettre, faire connaître à mes concitoyens des sentimens et une manière de penser qui puisse me mettre moi-même à l'abri de toute calomnie, et réfuter celles dont on a déjà voulu me noircir, ainsi que vous. Si je n'ai pas fait cette démarche, il y a quelques mois, c'est que je voulais rester ignorée dans la solitude que j'ai choisie. Je n'avais aucun intérêt à me cacher; mais mon goût me faisait désirer une retraite absolue, et ma situation m'en fait un devoir. J'ose croire que ma conduite, mes sentimens, mes écrits et mes malheurs m'assurent le droit de trouver, partout, une hospitalité généreuse. Je puis taire mon nom; mais je n'ai nulle raison de le désavouer. On a découvert l'asile où je me suis réfugiée; j'y suis maintenant sous la protection du gouvernement, qui a daigné m'autoriser et de la manière la plus honorable et la plus flatteuse à m'y fixer, si je le désire. Enfin, je sollicite mon rappel en France, désirant vivement y retourner, pour revoir ma fille et mes petits-enfans, et pour aller à Marseille offrir à vos infortunés frères quelques consolations et tous les soins de l'amitié.

Voilà, Monsieur, et les motifs qui m'ont inspiré cette démarche, et ceux qui me l'ont fait différer. Je conçois qu'elle me ferait d'irréconciliables ennemis, s'il était vrai qu'il y eût des gens qui, à votre insu, eussent le coupable espoir de vous voir régner un jour; je conçois que, dans ce cas, cette lettre si franche et si positive, pourrait faire éclore quelques nouveaux libelles contre moi. Je sais dédaigner des calomnies absurdes, des imputations extravagantes, non seulement faites sans preuves, mais dénuées de

toute vraisemblance , et évidemment produites par
la haine et le ressentiment. Cependant, ces nouvelles
méchancetés *anonymes* , car je n'en éprouve que de
ce genre, me feraient une peine véritable, parce
qu'elles pourraient vous compromettre aux yeux de
ceux qui jugent sans réflexion , et que je suis sûre
d'avance qu'elles vous affligeraient vivement. Au reste
il serait bien injuste de vous rendre responsable des
folies de quelques ambitieux obscurs ; et c'est, j'ose
l'espérer, ce que ne feront point les personnes im-
partiales et raisonnables.

Adieu , Monsieur, conservez-vous à l'heureuse et
douce obscurité qui convient à vos malheurs et à
votre situation. Vous porterez dans la solitude de dé-
chirans souvenirs ; mais vous pourrez aussi vous en
retracer de bien doux. Rappelez-vous tant d'actions
touchantes de bienfaisance et d'humanité , qui, du-
rant le cours de votre éducation , honorèrent les jours
de votre vie, et qui firent aussi les délices de vos mal-
heureux frères ; rappelez-vous la couronne civique
de Vendôme !.... Des actions brillantes ont illustré
les premiers pas de votre carrière ; mais désormais
vous ne pouvez trouver la véritable gloire que dans
une profonde retraite. Aimez toujours votre patrie ;
consolez-vous de ses injustices, en vous rendant le
noble témoignage que vous n'avez jamais cessé de la
chérir ; non seulement faites des vœux pour sa pros-
périté, mais désirez qu'elle soit heureuse de la ma-

nière dont elle veut l'être ; enfin, ne vivez désormais
que pour la vertu : ce sera vivre encore pour le bonheur.

FIN.

nière dont elle veut l'être ; enfin, ne vivez désormais
que pour la vertu : ce sera vivre encore pour le bon-

www.ingramcontent.com/pod-product-compliance
Lightning Source LLC
Chambersburg PA
CBHW061500050726
47593CB00004B/1724